# Fleischpastete

6 – 8 Portionen

Zubereitungszeit: etwa 40 Minuten, ohne Kühlzeit
Backzeit: 50–60 Minuten
Haltbarkeit: gekühlt etwa 4 Tage

Zutaten:

| | |
|---|---|
| 225 g | Weizenmehl |
| 140 g | kalte Butter |
| ½ gestr. TL | Salz |
| 2 EL | kaltes Wasser |
| | |
| ½ | rote Paprikaschote |
| 450 g | Gehacktes (halb- Rind-, halb Schweinefleisch) |
| 1 | Ei (Größe M) |
| 25 g | Semmelbrösel |
| 2 EL | abgetropfte Kapern |
| 1 EL | rosa Pfefferbeeren |
| | Salz |
| | frisch gemahlener Pfeffer |
| 200 g | Kasseleraufschnitt am Stück |
| | |
| 1 | Ei |
| 1 EL | Wasser |

1. Für den Teig Mehl mit Butter, Salz und Wasser mit Handrührgerät mit Knethaken verrühren, dann auf einer bemehlten Arbeitsfläche zu einem Teig verkneten. Teig in Frischhaltefolie gewickelt etwa 30 Minuten kalt stellen.
2. Für die Füllung Paprikahälfte entstielen, entkernen und die weißen Scheidewände entfernen. Schote waschen, abtropfen lassen, würfeln. Gehacktes mit Ei und Semmelbröseln vermengen. Kapern und Pfefferbeeren unterrühren. Die Füllung mit Salz und Pfeffer würzen. Kasseler in etwa 1 cm dicke Stangen schneiden.
3. Etwa drei Viertel des Teiges auf einer bemehlten Arbeitsfläche etwa 3 mm dick ausrollen und eine Kastenform (25 x 11 cm, gefettet) damit auslegen. Etwa ein Drittel der Füllung hineingeben und glatt streichen. Längs die Kasselerstangen darauf legen und die restliche Füllung darauf verstreichen.
4. Restlichen Teig so ausrollen, dass ein passender Teigdeckel für die Pastete entsteht. Teigdeckel auf die Pastete legen und an den Rändern etwas andrücken. Mit einem spitzen Messer 3 kleine Kreise aus dem Teigdeckel schneiden, diese kleinen Kreise dekorativ auf die Pastetenoberfläche legen.
5. Ei mit Wasser verschlagen und die Pastete damit bestreichen. Die Form auf dem Rost in den Backofen schieben.

   Ober-/Unterhitze: etwa 180 °C (vorgeheizt)
   Heißluft: etwa 160 °C (vorgeheizt)
   Gas: Stufe 2–3 (vorgeheizt)
   Backzeit: 50–60 Minuten.

6. Die Pastete in der Form auf einem Kuchengitter erkalten lassen. Dann vorsichtig aus der Form stürzen.

Dr. Oetker alles selbst gemacht

# Pasteten

## Terrinen & Sülzen

**Dr. Oetker** alles selbst gemacht

# Pasteten

## Terrinen & Sülzen

*Dr. Oetker Verlag*

# Vorwort

Selbst gemachte Pasteten, Terrinen und Sülzen sind alles andere als langweilig und schwierig!

Wir überzeugen Sie mit unseren phantasievollen Kreationen und gut nachvollziehbaren Beschreibungen, dass Sie mit selbst gemachten Pasteten, Terrinen und Sülzen etwas ganz Besonderes auf Ihren Tisch und für Ihre Gäste zaubern können.
Köstlich frische Sülzen, warme oder kalte Pasteten und feine Terrinen in Varianten mit Fleisch, Fisch oder auch vegetarisch, stehen für Sie zur Auswahl.

Die Möglichkeit, die meisten Rezepte im Voraus zuzubereiten sowie die frischen Zutaten sind nur zwei Argumente, sich an neue und klassische Pasteten, Terrinen und Sülzen heranzuwagen.

Die Rezepte wurden von Dr. Oetker ausprobiert und sind so beschrieben, dass sie leicht nachzuarbeiten sind.

# Lammfilet-Tomaten-Sülze

4 Portionen

Zubereitungszeit: 50 Minuten, ohne Kühlzeit
Haltbarkeit: gekühlt 4–5 Tage

Zutaten:

| | |
|---|---|
| 300 g | Lammfilet |
| | Salz |
| | frisch gemahlener Pfeffer |
| 3 EL | Olivenöl |
| 1 kg | Roma- oder Flaschentomaten |
| 10 Blatt | weiße Gelatine |
| 70 g | Zwiebeln |
| 2 | Knoblauchzehen |
| 500 ml (½ l) | Gemüsebrühe |
| 150 ml | Weißweinessig |
| 1 gestr. TL | Salz |
| 1 gestr. EL | Zucker |
| 2 TL | gerebeltes Basilikum |
| 1 TL | gerebelter Thymian |
| 30 g | geröstete Pinienkerne |

1. Lammfilet unter fließendem kalten Wasser abspülen, trockentupfen und mit Pfeffer und Salz würzen. Olivenöl in einer Pfanne erhitzen und das Lammfilet in etwa 6 Minuten von allen Seiten gut anbraten, dann erkalten lassen.
2. Tomaten waschen, kreuzweise einschneiden, mit kochendem Wasser übergießen und anschließend mit kaltem Wasser abschrecken. Tomaten enthäuten, vierteln und entkernen.
3. Gelatine in kaltem Wasser nach Packungsanleitung einweichen. Zwiebeln und Knoblauch abziehen und fein würfeln.
4. Etwa 150 ml Gemüsebrühe in einem kleinen Topf zum Kochen bringen. Die Zwiebel- und Knoblauchwürfel darin etwa 2 Minuten köcheln lassen. Den Topf von der Kochstelle nehmen.
5. Gelatine leicht ausdrücken und in der heißen Brühe unter Rühren auflösen. Restliche Gemüsebrühe und Essig unterrühren. Die Sülzenflüssigkeit mit Salz, Pfeffer, Zucker, Basilikum und Thymian kräftig abschmecken.
6. Den Boden einer länglichen Form (etwa 1,2 l Inhalt, kalt ausgespült) etwa 0,5 cm hoch mit der Sülzenflüssigkeit bedecken. Die Form für etwa 10 Minuten in den Kühlschrank stellen. Dann die Hälfte der Tomatenviertel in die Form geben.
7. Das Lammfilet mittig darauf legen und mit Pinienkernen bestreuen, mit den restlichen Tomatenvierteln belegen. Vorsichtig die Sülzenflüssigkeit in die Form gießen und die Form für mindestens 6 Stunden, am besten über Nacht, in den Kühlschrank stellen.
8. Die Form kurz in heißes Wasser tauchen und die Sülze auf eine Platte stürzen.

Tipp: Mit frischen gehackten Basilikumblättern servieren.

# Putenbraten in weißem Burgundergelee

4 Portionen

Zubereitungszeit: 60 Minuten, ohne Kühlzeit
Haltbarkeit: gekühlt 4–5 Tage

Zutaten:

| | |
|---|---|
| 400 g | kalter Putenbraten im Stück |
| 1 | Zwiebel |
| 2 | Tomaten |
| 2 | Gewürzgurken |
| 6 Blatt | weiße Gelatine |
| 250 ml (¼ l) | Gemüsebrühe |
| 200 ml | trockener Weißwein, z. B. Weißer Burgunder |
| | Salz |
| | frisch gemahlener Pfeffer |

1. Putenbraten zuerst in dickere Scheiben und anschließend in Würfel schneiden. Zwiebel abziehen und in feine Würfel schneiden. Wasser in einem Topf zum Kochen bringen. Die Zwiebel darin kurz blanchieren, dann mit kaltem Wasser übergießen und gut abtropfen lassen.
2. Tomaten waschen, abtrocknen, halbieren und die Stängelansätze herausschneiden. Tomaten entkernen und das Fruchtfleisch in Würfel schneiden. Gewürzgurken ebenfalls in kleine Würfel schneiden.
3. Gelatine nach Packungsanleitung einweichen. Brühe und Wein in einem Topf erhitzen, mit Salz und Pfeffer kräftig würzen. Gelatine leicht ausdrücken und in der Wein-Gemüse-Mischung bei schwacher Hitze unter Rühren auflösen.
4. Braten-, Zwiebel-, Tomaten- und Gewürzgurkenwürfel miteinander vermischen, gleichmäßig auf 4 kleine Schüsseln verteilen und mit der Gelatinemischung auffüllen. Gelee erkalten lassen und zum Durchkühlen für einige Stunden bzw. besser über Nacht in den Kühlschrank stellen.
5. Burgundergelee mit einem spitzen Messer vom Rand der Schüssel lösen, die Schüssel kurz in heißes Wasser tauchen und den Braten in Burgundergelee auf vorbereitete Teller stürzen.

Beilage: Bratkartoffeln und Remouladensauce.

Tipp: Wenn Sie die Schüsseln vor dem Befüllen mit Frischhaltefolie auslegen, lässt sich das Gelee besser stürzen.

# Corned-Beef-Sülze

4 Portionen

Zubereitungszeit: 30 Minuten, ohne Kühlzeit
Haltbarkeit: gekühlt etwa 6 Tage

Zutaten:

| | |
|---|---|
| 6 Blatt | weiße Gelatine |
| 2 Blatt | rote Gelatine |
| 300 ml | Fleischbrühe |
| 400 g | Corned Beef |
| 1 gestr. TL | Salz |
| | frisch gemahlener Pfeffer |
| 2–3 Tropfen | Tabasco |
| 1 Glas | Maiskölbchen (Abtropfgewicht 135 g) |
| 2 kleine | Bockwürste oder Wiener Würstchen (etwa 160 g) |
| 2 | Gewürzgurken |

1. Gelatine in kaltem Wasser nach Packungsanleitung einweichen. Fleischbrühe in einem Topf erwärmen. Corned Beef hinzufügen und unter Rühren auflösen.
2. Gelatine leicht ausdrücken und in der warmen Corned-Beef-Masse unter Rühren auflösen, mit Salz, Pfeffer und Tabasco kräftig abschmecken.
3. Den Boden einer Form (etwa 1,2 l Inhalt, kalt ausgespült) etwa 0,5 cm hoch mit der Sülzenmischung bedecken, für etwa 10 Minuten in den Kühlschrank stellen.
4. Maiskölbchen in einem Sieb abtropfen lassen und in die Form schichten, etwas von der Sülzenmischung darauf geben und verstreichen (die Maiskölbchen sollten dünn mit der Masse bedeckt sein). Die Form wieder für 10 Minuten in den Kühlschrank stellen.
5. Bockwürste oder Wiener Würstchen in die Form legen und ebenfalls mit der Sülzenmischung bedecken. Die Form wieder für 10 Minuten in den Kühlschrank stellen.
6. Gewürzgurken längs vierteln, in die Form legen und mit der restlichen Sülzenmischung bedecken. Die Form für mindestens 6 Stunden oder über Nacht in den Kühlschrank stellen.
7. Die Form kurz in heißes Wasser tauchen und die Corned-Beef-Sülze stürzen.

Beilage: Roggenmischbrot.

# Eisbeinsülze

6–8 Portionen

Zubereitungszeit: 30 Minuten, ohne Kühlzeit
Garzeit: 1–1½ Stunden
Haltbarkeit: gekühlt etwa 5 Tage

Zutaten:

| | |
|---|---|
| 1½ kg | mageres Eisbein |
| 2 | Zwiebeln |
| 1 | Möhre |
| 2 | Lorbeerblätter |
| 1 TL | Pimentkörner |
| 1 TL | Wacholderbeeren |
| | Salzwasser |
| | |
| 12 Blatt | weiße Gelatine |
| 125 ml (⅛ l) | Kräuteressig |
| 200 g | Gewürzgurken |
| | Salz |
| | grob gemahlener weißer Pfeffer |
| 2 EL | gehackte Petersilie |

1. Eisbein unter fließendem kalten Wasser abspülen und abtropfen lassen. Zwiebeln abziehen und in größere Stücke schneiden. Möhre putzen, schälen, abspülen und abtropfen lassen.
2. Eisbein mit Zwiebelstücken, Möhre, Lorbeerblättern, Pimentkörnern und Wacholderbeeren in einen großen Topf geben und mit Salzwasser bedeckt zugedeckt zum Kochen bringen, abschäumen. Eisbein in etwa 1–1½ Stunden gar kochen.
3. Gelatine in kaltem Wasser nach Packungsanleitung einweichen. Eisbein in einem Sieb abtropfen lassen, dabei die Brühe auffangen und 500 ml (½ l) davon abmessen. Gelatine leicht ausdrücken und in der abgemessenen heißen Brühe unter Rühren auflösen. Essig unterrühren.
4. Fleisch vom Knochen schneiden und das magere Fleisch in Würfel schneiden. Gewürzgurken ebenfalls würfeln. Sülzenflüssigkeit mit Salz und Pfeffer würzen und nach Belieben mit etwas Gewürzgurkenflüssigkeit kräftig abschmecken.
5. Fleisch- und Gurkenwürfel mit der Sülzenflüssigkeit verrühren, Petersilie unterrühren und in eine längliche Form (etwa 30 x 11 cm, kalt ausgepült) füllen. Die Form mindestens 6 Stunden oder am besten über Nacht kalt stellen.
6. Form kurz in heißes Wasser tauchen und die Sülze auf eine längliche Platte stürzen.

Beilage: Bratkartoffeln und Remoulade.

# Putensülze

4 Portionen

Zubereitungszeit: etwa 40 Minuten, ohne Kühlzeit
Garzeit: etwa 45 Minuten
Haltbarkeit: gekühlt etwa 5 Tage

Zutaten:

| | |
|---|---|
| 750 g | Putenbrust |
| 1,5 l | Wasser |
| 2–3 gestr. TL | Salz |
| 1 Bund | Suppengrün |
| ½ TL | gerebelter Thymian |
| 6 Blatt | weiße Gelatine |
| | Zitronensaft |
| | Salz |
| | frisch gemahlener Pfeffer |
| 1 große | rote Paprikaschote |
| 1 Bund | Dill |

1. Putenbrust unter fließendem kalten Wasser abspülen, mit Wasser und Salz in einem großen Topf zum Kochen bringen und abschäumen.
2. Suppengrün putzen, waschen, abtropfen lassen und in Stücke schneiden. Suppengrün und Thymian mit in den Topf geben. Die Putenbrust zugedeckt in etwa 45 Minuten gar kochen.
3. Putenbrust in einem Sieb abtropfen und dann erkalten lassen. Putenbrust in fingerdicke Streifen schneiden. Die Brühe durch ein Sieb gießen, auffangen und erkalten lassen. Brühe entfetten und 500 ml (½ l) davon abmessen. Restliche Brühe beiseite stellen.
4. Gelatine in kaltem Wasser nach Packungsanleitung einweichen, dann leicht ausdrücken. Etwa 100 ml der abgemessenen Brühe mit der Gelatine unter Rühren erwärmen, bis die Gelatine vollständig gelöst ist.
5. Restliche abgemessene Brühe unterrühren. Sülzenflüssigkeit mit Zitronensaft, Salz und Pfeffer kräftig abschmecken. Den Boden einer länglichen Form oder einer Schüssel (etwa 1,5 l Inhalt, kalt ausgespült) etwa 0,5 cm hoch mit der Sülzenflüssigkeit bedecken. Form oder Schüssel etwa 10 Minuten kalt stellen.
6. Paprikaschote halbieren, entstielen, entkernen und die weißen Scheidewände entfernen. Schote waschen, abtropfen lassen und in Streifen schneiden.
7. Von der restlichen beiseite gestellten Brühe 125 ml (⅛ l) abmessen und zum Kochen bringen. Paprikastreifen darin 2 Minuten kochen lassen. Paprikastreifen in ein Sieb geben, mit kaltem Wasser überspülen und abtropfen lassen, nach Belieben enthäuten.
8. Dill abspülen und trockentupfen. Einen Dillstängel zum Garnieren beiseite legen, von den restlichen Stängeln die Spitzen abzupfen.
9. Etwas von den Dillspitzen in die Form oder Schüssel auf den erstarrten Sülzenspiegel geben. Fleisch- und Paprikastreifen darauf schichten. Dill darauf streuen, die restliche Sülzenflüssigkeit hinzugießen und die Form oder Schüssel über Nacht kalt stellen.
10. Vor dem Servieren die Form kurz in heißes Wasser tauchen, die Sülze mit einem Messer vorsichtig vom Rand der Form lösen, auf eine Platte stürzen und mit dem Dillstängel garnieren.

Tipp: Mit Eiervierteln und einer Joghurt-Kräuter-Sauce servieren.

# Radieschensülze

4–6 Portionen

Zubereitungszeit: 40 Minuten, ohne Kühlzeit
Haltbarkeit: gekühlt etwa 3 Tage

Zutaten:

| | |
|---|---|
| 8 Blatt | weiße Gelatine |
| 300 ml | Fleischbrühe |
| 350 g | Sülze vom Metzger, z. B. Eisbeinsülze |
| 150 ml | Weißweinessig |
| 1 gestr. TL | Salz |
| | frisch gemahlener Pfeffer |
| 2 Bund | Radieschen |
| 200 g | Fleischwurst |
| 1 | rote Zwiebel |
| 2 EL | gehackte Petersilie |

1. Gelatine in kaltem Wasser nach Packungsanleitung einweichen. Fleischbrühe erwärmen und die Sülze darin unter Rühren auflösen. Gelatine leicht ausdrücken und in der warmen Sülzenflüssigkeit unter Rühren auflösen. Essig unterrühren. Die Sülzenflüssigkeit mit Salz und Pfeffer kräftig abschmecken.
2. Den Boden einer Form (etwa 1,2 l Inhalt, kalt ausgespült oder mit Frischhaltefolie ausgelegt) etwa 1 cm hoch mit der Sülzenflüssigkeit bedecken. Die Form für etwa 10 Minuten in den Kühlschrank stellen.
3. Radieschen putzen, abspülen, abtropfen lassen. 10 Radieschen in Scheiben schneiden, die restlichen je nach Größe vierteln oder achteln. Fleischwurst enthäuten und in kleine Würfel schneiden. Zwiebel abziehen, halbieren und in Scheiben schneiden.
4. Die Radieschenscheiben in die Form schichten. Wurstwürfel, Radieschenviertel, Zwiebelscheiben und Petersilie unter die restliche Sülzenflüssigkeit rühren und in die Form füllen. Die Form für 6 Stunden oder über Nacht in den Kühlschrank stellen.
5. Die Form kurz in heißes Wasser tauchen und die Radieschensülze auf eine Platte stürzen, evtl. Frischhaltefolie entfernen. Zum Servieren die Radieschesülze mit gehackter Petersilie bestreuen.

Beilage: Kleine neue Kartoffeln und eine Joghurt-Senf-Sauce.

Tipp: Die Sülze möglichst frisch verzehren, da sich die Farbe der Sülze verändert.

# Lachssülzchen

6 Stück

Zubereitungszeit: 40 Minuten, ohne Kühlzeit
Haltbarkeit: gekühlt etwa 3 Tage

Zutaten:

| | |
|---|---|
| 6 Blatt | weiße Gelatine |
| 400 ml | Fischfond |
| 2 EL | Sherry-Essig oder Weißweinessig |
| 1 gestr. TL | Salz |
| | frisch gemahlener Pfeffer |
| 3 | Frühlingszwiebeln |
| 3 TL | Sahnemeerrettich |
| 250 g | geräucherter Lachs in Scheiben |

1. Gelatine in kaltem Wasser nach Packungsanleitung einweichen. Gelatine leicht ausdrücken und mit dem Fischfond in einem Topf unter Rühren erwärmen (nicht kochen), bis sie völlig gelöst ist. Essig unterrühren.
2. Fischfond-Gelatine-Flüssigkeit mit Salz und Pfeffer kräftig würzen und jeweils 1–2 Esslöffel davon in 6 kleine, aber hohe Förmchen oder Tassen (kalt ausgespült, je etwa 200 ml Inhalt) füllen. Den Innenrand der Förmchen oder Tassen dünn mit der Fischfond-Gelatine-Flüssigkeit bestreichen. Die Förmchen oder Tassen für etwa 10 Minuten in den Kühlschrank stellen.
3. Frühlingszwiebeln putzen, waschen, abtropfen lassen und in feine Ringe schneiden. Frühlingszwiebelringe unter die restliche Fischfond-Gelatine-Flüssigkeit rühren.
4. Je einen halben Teelöffel Sahnemeerrettich auf den erstarrten Flüssigkeitsspiegel geben und wieder jeweils 2 Esslöffel von der Flüssigkeit darauf geben. Die Förmchen oder Tassen für etwa 10 Minuten in den Kühlschrank stellen.
5. Die Ränder der Förmchen oder Tassen mit einigen Lachsscheiben auskleiden (Lachsscheiben je nach Größe passend zuschneiden), die restlichen Lachsscheiben in kleine Stücke schneiden. Lachsstücke in die Mitte der Förmchen oder Tassen geben. Restliche Flüssigkeit vorsichtig in die Förmchen oder Tassen füllen. Förmchen oder Tassen für mindesten 3 Stunden in den Kühlschrank stellen.
6. Zum Servieren Förmchen oder Tassen kurz in heißes Wasser tauchen und die Lachssülzchen auf kleine Teller stürzen.

Tipp: Zum Servieren die kleinen Sülzen mit Schnittlauchhalmen umwickeln. Mit Frühlingszwiebelringen und frischem Baguette servieren.

# Tellersülze mit Forellenfilets

4 Portionen

Zubereitungszeit: 15 Minuten, ohne Kühlzeit
Haltbarkeit: gut gekühlt 3 Tage

Zutaten:

| | |
|---|---|
| 4 Blatt | weiße Gelatine |
| 400 ml | Fischfond |
| | Salz |
| 2 | Orangen |
| 4 | geräucherte Forellenfilets, ohne Haut (etwa 250 g) |
| | |
| 2–3 | Dillstängel |
| 1 | Zitrone |
| 4 TL | Sahnemeerrettich |

1. Gelatine in kaltem Wasser nach Packungsanleitung einweichen. Gelatine leicht ausdrücken und in einem kleinen Topf mit 3 Esslöffeln von dem Fischfond unter Rühren erwärmen (nicht kochen), bis sie völlig gelöst ist. Mit etwas Fischfond verrühren, dann den restlichen Fond unterrühren und evtl. mit Salz abschmecken.
2. Orangen so schälen, dass die weiße Haut mit entfernt wird. Fruchtfilets herausschneiden.
3. In 4 große Teller jeweils 2 Esslöffel von der Fischfond-Gelatine-Flüssigkeit geben. Die Teller für etwa 5 Minuten in den Kühlschrank stellen. Anschließend je ein Forellenfilet und die Orangenfilets auf den Gelatinespiegel legen. Restliche Fischfond-Gelatine-Flüssigkeit löffelweise darauf geben und die Teller für mindestens 1 Stunde in den Kühlschrank stellen.
4. Dill abspülen, trockentupfen und in kleine Stängel zupfen. Zitrone heiß abwaschen, in Scheiben schneiden und halbieren. Tellersülze mit Dill garnieren und mit Zitronenscheiben und Sahnemeerrettich servieren.

Beilage: Toastbrot.

# Rote-Bete-Sülzchen mit Matjes

6 Stück

Zubereitungszeit: 30 Minuten, ohne Kühlzeit
Haltbarkeit: gut gekühlt 4–5 Tage

Zutaten:

| | |
|---|---|
| 6 Blatt | weiße Gelatine |
| 200 ml | Gemüsebrühe |
| 500 g | gekochte Rote Bete (gibt es vakuumverpackt zu kaufen) |
| 60 g | rote Zwiebeln |
| 200 g | Crème fraîche |
| 2 EL | Zitronensaft |
| 2 TL | Sahnemeerrettich |
| 1 EL | Zucker |
| | Salz |
| | frisch gemahlener Pfeffer |
| 1 Bund | Dill |
| etwa 200 g | Matjesfilet |

1. Gelatine in kaltem Wasser nach Packungsanleitung einweichen. Gelatine leicht ausdrücken und mit der Gemüsebrühe in einem Topf unter Rühren erwärmen (nicht kochen), bis sie völlig gelöst ist.
2. Rote Bete fein würfeln. Zwiebeln abziehen, halbieren und fein würfeln. Zwiebel- und Rote-Bete-Würfel mit Crème fraîche, Zitronensaft, Sahnemeerrettich und Zucker verrühren, mit Salz und Pfeffer kräftig abschmecken.
3. Dill abspülen, trockentupfen und die Spitzen von den Stängeln zupfen. Einige Spitzen zum Garnieren beiseite legen, restliche Spitzen fein schneiden. Brühe-Gelatine-Flüssigkeit nach und nach mit der Rote-Bete-Mischung verrühren. Dill unterrühren.
4. Etwa die Hälfte der Masse in 6 Tassen oder Gläser (kalt ausgespült) geben. Je ein Matjesstück darauf legen. Restliche Masse gleichmäßig auf die Tassen oder Gläser verteilen. Jeweils mit einem Matjesstück belegen und dieses leicht eindrücken.
5. Die Tassen oder Gläser mindestens 3 Stunden oder über Nacht in den Kühlschrank stellen.
6. Die Tassen oder Gläser kurz in heißes Wasser tauchen und dann stürzen. Rote-Bete-Sülzchen mit Dillspitzen garniert servieren.

Beilage: Kartoffelgratin.

# Sülze von Zuckerschoten

etwa 6 Portionen

Zubereitungszeit: etwa 40 Minuten, ohne Kühlzeit
Haltbarkeit: gekühlt etwa 4 Tage

Zutaten:

| | |
|---|---|
| 1 | gelbe Paprikaschote |
| 200 g | Zuckerschoten |
| 9 Blatt | weiße Gelatine |
| 2 | Schalotten |
| 500 ml (½ l) | Gemüsefond |
| 100 ml | Sherry-Essig |
| 1 TL | Instant-Gemüsebrühe |
| 1 gestr. TL | Salz |
| | frisch gemahlener Pfeffer |
| 1 Glas | Teufli mit Frischkäse (mit Frischkäse gefüllte Paprika, Abtropfgewicht 190 g) |
| einige | Kerbelstängel zum Garnieren |

1. Paprikaschote halbieren, entstielen, entkernen und die weißen Scheidewände entfernen. Schote waschen, abtropfen lassen und vierteln. Wasser in einem Topf zum Kochen bringen und die Paprikaviertel darin 6 Minuten kochen. Dann mit kaltem Wasser abschrecken und abtropfen lassen.
2. Von den Zuckerschoten die Enden abschneiden, die Schoten evtl. abfädeln, waschen und abtropfen lassen. Wasser in einem Topf zum Kochen bringen und die Zuckerschoten darin blanchieren. Anschließend mit kaltem Wassser abspülen und abtropfen lassen.
3. Gelatine in kaltem Wasser nach Packungsanleitung einweichen. Schalotten abziehen und in feine Würfel schneiden. Etwa ein Drittel des Gemüsefonds in einem Topf zum Kochen bringen und die Schalottenwürfel darin 2 Minuten köcheln lassen. Gelatine leicht ausdrücken und in dem heißen Gemüsefond unter Rühren auflösen.
4. Restlichen Gemüsefond und Essig unterrühren. Die Sülzenflüssigkeit mit Gemüsebrühe, Salz und Pfeffer kräftig abschmecken.
5. Den Boden einer Form (etwa 1,2 l Inhalt, mit Frischhaltefolie ausgelegt) etwa 1 cm hoch mit der Flüssigkeit bedecken. Die Form für etwa 10 Minuten in den Kühlschrank stellen.
6. Teufli in einem Sieb abtropfen lassen. Die Hälfte der Zuckerschoten dekorativ in die Form legen. Die Paprikaviertel an die Innenwände der Form legen. Teufli in die Form legen. Die restlichen Zuckerschoten in die Form schichten, mit der Sülzenflüssigkeit begießen. Die Form über Nacht in den Kühlschrank stellen.
7. Zum Servieren die Sülze auf eine Platte stürzen und die Frischhaltefolie entfernen. Kerbelstängel abspülen, trockentupfen und die Sülze damit garnieren.

Beilage: Kleine gebratene Kartoffeln.

# Kleine Mozzarella-Sülzen

4 Portionen

Zubereitungszeit: 25 Minuten, ohne Kühlzeit
Haltbarkeit: gekühlt etwa 3 Tage

Zutaten:

| | |
|---|---|
| 6 Blatt | weiße Gelatine |
| 1 | Schalotte |
| 1 | Knoblauchzehe |
| 100 ml | Gemüsebrühe |
| 200 ml | Schlagsahne |
| 40 ml | Weißweinessig |
| 1 TL | gerebeltes Basilikum |
| | Salz |
| | frisch gemahlener Pfeffer |
| 2 | gleich große Tomaten |
| 125 g | Mozzarella-Käse |

1. Gelatine nach Packungsanleitung in kaltem Wasser einweichen. Schalotte und Knoblauch abziehen und in feine Würfel schneiden.
2. Gelatine leicht ausdrücken und in einem Topf mit der Gemüsebrühe unter Rühren erwärmen, bis sie völlig gelöst ist. Sahne und Essig unterrühren. Gelatinemischung mit Basilikum, Salz und Pfeffer kräftig abschmecken.
3. Jeweils 2 Esslöffel von der Gelatinemischung in 4 kleine Förmchen (je etwa 170 ml Inhalt, kalt ausgespült) füllen und für etwa 10 Minuten kalt stellen.
4. Tomaten waschen, abtrocknen, kreuzweise einschneiden und mit kochendem Wasser übergießen. Mit kaltem Wasser abschrecken und enthäuten. Tomaten halbieren und die Stängelansätze herausschneiden. Von jeder Tomate 4 etwa gleich große Scheiben abschneiden.
5. Mozzarella abtropfen lassen und in 4 Scheiben schneiden. In jedes Förmchen nacheinander eine Tomaten-, eine Mozzarella- und wieder eine Tomatenscheibe legen. Die Förmchen vorsichtig mit der Gelatinemischung befüllen und mindestes 3 Stunden kalt stellen.
6. Die Förmchen etwa 10 Sekunden in heißes Wasser tauchen und die Sülzen stürzen.

Tipp: Garnieren Sie die kleinen Mozzarella-Sülzen mit frischem Basilikum und Tomatenstreifen.

# Spaghettisülze

4–6 Portionen

Zubereitungszeit: 60 Minuten, ohne Kühlzeit
Haltbarkeit: gekühlt etwa 4 Tage

Zutaten:

| | |
|---|---|
| 2,5 l | Wasser |
| 2½ TL | Salz |
| 250 g | Spaghetti |
| | |
| 10 Blatt | weiße Gelatine |
| 300 g | Möhren |
| 160 g | Knollensellerie |
| 300 ml | Gemüsebrühe |
| 200 ml | Schlagsahne |
| 70 g | geraspelter Parmesan-Käse |
| 2 TL | fein geschnittene Rosmarinnadeln |
| 1 TL | fein geschnittene Thymianblättchen |
| 1gestr. TL | Salz |
| | frisch gemahlener Pfeffer |

1. Wasser in einem Topf, mit geschlossenem Deckel, zum Kochen bringen. Salz und Spaghetti hinzufügen. Spaghetti im geöffneten Topf nach Packungsanleitung kochen lassen, dabei gelegentlich umrühren. Dann die Spaghetti in ein Sieb geben, mit kaltem Wasser abspülen, abtropfen und erkalten lassen.
2. Gelatine in kaltem Wasser nach Packungsanleitung einweichen. Möhren und Sellerie putzen, schälen, waschen, abtropfen lassen und in etwa 4 cm lange feine Stifte schneiden. Wasser in einem Topf zum Kochen bringen und die Gemüsestifte darin 2 Minuten kochen. Gemüsestifte in ein Sieb geben, mit kaltem Wasser abschrecken und abtropfen lassen.
3. Gemüsebrühe in einem Topf zum Kochen bringen, dann von der Kochstelle nehmen. Gelatine leicht ausdrücken und in der heißen Brühe unter Rühren auflösen, etwas abkühlen lassen.
4. Sahne und Parmesan unter die Brühe rühren, mit Rosmarin, Thymian, Salz und Pfeffer kräftig würzen. Den Boden einer Form (etwa 1,5 l Inhalt, kalt ausgespült) etwa 1 cm hoch mit der Sülzenflüssigkeit bedecken. Die Form für etwa 10 Minuten in den Kühlschrank stellen.
5. Ein Drittel der Spaghetti längs in die Form schichten, darauf etwa die Hälfte der Möhren- und Selleriestifte verteilen. Ein weiteres Drittel der Spaghetti längs darauf schichten. Etwa die Hälfte der Sülzenflüssigkeit darauf geben.
6. Restliche Möhren- und Selleriestifte und zuletzt das letzte Drittel Spaghetti längs einschichten. Mit der restlichen Sülzenflüssigkeit begießen. Die Form für mindestens 6 Stunden oder über Nacht kalt stellen.
7. Zum Servieren die Form kurz in heißes Wasser tauchen und die Sülze auf eine Platte stürzen.

Tipp: Mit frischem Salat und Basilikum-Pesto servieren.

# Gemüse-Eier-Sülze im Glas

4 Portionen

Zubereitungszeit: etwa 60 Minuten, ohne Kühlzeit
Haltbarkeit: gekühlt etwa 4 Tage

Zutaten:

| | |
|---|---|
| 4 | hart gekochte Eier |
| 3–4 | Kerbelstängel |
| 10 Blatt | weiße Gelatine |
| 900 ml | Gemüsebrühe |
| 250 g | fein gewürfelte Möhren |
| 125 ml (1/8 l) | trockener Sherry |
| 4–5 EL | Weißweinessig |
| | Salz |
| | frisch gemahlener Pfeffer |
| 1 Dose | Gemüsemais (Abtropfgewicht 140 g) |

1. Eier pellen und in Scheiben schneiden. Kerbel abspülen, trockentupfen und in kleinere Stängel zupfen. Gelatine nach Packungsanleitung in kaltem Wasser einweichen.
2. Gemüsebrühe in einem Topf zum Kochen bringen. Möhrenwürfel darin etwa 10 Minuten garen, dann in ein Sieb abgießen und dabei die Gemüsebrühe auffangen. 750 ml (3/4 l) Gemüsebrühe davon abmessen.
3. Gelatine leicht ausdrücken und unter Rühren in der heißen abgemessenen Gemüsebrühe auflösen. Sherry und Essig unterrühren. Sülzenflüssigkeit kräftig mit Salz und Pfeffer abschmecken. Mais in einem Sieb abtropfen lassen.
4. Jeweils 1–2 Esslöffel von der Sülzenflüssigkeit in 4 Gläser (mindestens je 0,3 l Inhalt) geben, so dass der Boden der Gläser mit einem Flüssigkeitsspiegel bedeckt ist. Die Gläser in den Kühlschrank stellen, bis die Flüssigkeit erstarrt ist.
5. Anschließend in jedes Glas eine Schicht Möhrenwürfel einschichten, diese mit der Sülzenflüssigkeit bedecken und die Gläser für etwa 5 Minuten in den Kühlschrank stellen.
6. Eine Schicht Mais in die Gläser geben, diese wieder mit der Sülzenflüssigkeit bedecken und für 5 Minuten kalt stellen. 1–2 Eierscheiben und einige kleine Kerbelstängel in jedes Glas legen, mit Sülzenflüssigkeit bedecken und wieder kalt stellen. Restliche Zutaten auf die gleiche Weise verarbeiten und die Gläser mindestens 3 Stunden kalt stellen.

Tipp: Nach Belieben die Gemüse-Eier-Sülze mit einer Meerrettichsahne servieren. Dazu 100 ml Schlagsahne fast steif schlagen. Einen Esslöffel geriebenen Meerrettich und etwas geriebene Zitronenschale unterrühren.

# Filetpastete

etwa 6 Portionen

| | |
|---|---|
| Zubereitungszeit: | 40 Minuten, ohne Kühlzeit |
| Backzeit: | 30–35 Minuten |
| Haltbarkeit: | gekühlt etwa 3 Tage |

Zutaten:

| | |
|---|---|
| 1 Pck. | TK-Blätterteig (450 g) |
| 750 g | Schweinefilet |
| | Salz, frisch gemahlener Pfeffer |
| 2 EL | Olivenöl |
| 125 g | Schafkäse |
| 40 g | weiche Butter |
| 1 EL | gehackte Basilikumblätter |
| 2 EL | Schlagsahne |
| 1 | Knoblauchzehe |
| 4–6 | Mangoldblätter oder große Spinatblätter |
| 4 Scheiben | gekochter Schinken (200 g) |
| 1 | verschlagenes Eiweiß |
| | |
| 1 | Eigelb |
| 1 EL | Milch |

1. Blätterteigplatten zugedeckt nebeneinander auftauen lassen.
2. Schweinefilet unter fließendem kalten Wasser abspülen, trockentupfen und mit Salz und Pfeffer bestreuen.
3. Olivenöl in einer Pfanne erhitzen. Das Filet darin von allen Seiten 2–3 Minuten anbraten und anschließend etwas abkühlen lassen.
4. Schafkäse zerbröseln und mit Butter, Basilikum und Schlagsahne zu einer Masse verrühren. Knoblauch abziehen, durch eine Knoblauchpresse drücken und unterrühren.
5. Mangold- oder große Spinatblätter waschen, abtropfen lassen und evtl. dicke-re Stiele abschneiden. Wasser in einem Topf zum Kochen bringen und die Blätter darin blanchieren. Die Blätter in ein Sieb geben, mit kaltem Wasser abschrecken, abtropfen und auf Küchenpapier erkalten lassen.
6. Blätterteigplatten aufeinander legen und auf einer bemehlten Arbeitsfläche zu einer rechteckigen Platte (etwa 25 x 35 cm) ausrollen. Zuerst die Schinkenscheiben, dann die Spinat- oder Mangoldblätter darauf verteilen, dabei an jeder Seite etwa 1 cm breiten Rand frei lassen. Das Filet mit der Käsemasse bestreichen und längs auf den Spinat oder Mangold legen.
7. Teigränder mit etwas von dem Eiweiß bestreichen, an den kurzen Seiten über die Füllung klappen und von der langen Seite her den Blätterteig um das Filet wickeln. Die Ränder etwas andrücken und die Pastete mit der Naht nach unten auf ein Backblech (30 x 40 cm, mit Backapier belegt) legen.
8. Mit einem spitzen Messer 3 kleine Kreise aus der Teigoberfläche herausschneiden. Eigelb mit Milch verschlagen und die Pastete damit bestreichen. Das Blech in den Backofen schieben.

Ober-/Unterhitze: 200–220 °C (vorgeheizt)
Heißluft: 180–200 °C (nicht vorgeheizt)
Gas: etwa Stufe 4 (vorgeheizt)
Backzeit: 30–35 Minuten.

# Blätterteigpastetchen mit Leberwurst

10 Stück

Zubereitungszeit: 20 Minuten, ohne Auftauzeit
Backzeit: 15–20 Minuten
Haltbarkeit: gekühlt etwa 3 Tage

Zutaten:

| | |
|---|---|
| 1 Pck. | TK-Blätterteig, (450 g, 10 Scheiben) |
| 200 g | Leberwurst, z. B. grobe Gutsleberwurst |
| 250 g | Kasseler Aufschnitt |
| 250 g | Äpfel , z. B. Boskop, Cox Orange |
| 1 | Zwiebel |
| 1 TL | gerebelter Beifuß |
| 1 TL | mittelscharfer Senf |

1. Blätterteigplatten nebeneinander auf zwei Backbleche (mit Backpapier belegt) legen und bei Zimmertemperatur auftauen lassen.
2. Leberwurst aus der Hülle in eine Schüssel drücken. Kasseler Aufschnitt in kleine Stücke schneiden.
3. Äpfel waschen, abbtrocknen, vierteln, entkernen und in kleine Würfel schneiden. Zwiebel abziehen, halbieren und in feine Würfel schneiden.
4. Leberwurst mit Aufschnittstücken, Apfel- und Zwiebelwürfeln vermischen, mit Beifuß und Senf würzen. Leberwurstmasse mit einem Teelöffel in die Mitte der Blätterteigplatten geben.
5. Die Backbleche nacheinander (bei Heißluft zusammen) in den Backofen schieben.

Ober-/Unterhitze: etwa 200 °C (vorgeheizt, unteres Drittel)
Heißluft: etwa 180 °C (nicht vorgeheizt)
Gas: Stufe 3–4 (vorgeheizt, unteres Drittel)
Backzeit: 15–20 Minuten.

Tipp: Die Blätterteigpastetchen lassen sich gut vorbereiten und schmecken auch kalt sehr gut.
Für Blutwurstpastetchen können Sie statt der Leberwurst und dem Kasseler Aufschnitt etwa 400 g Blutwurst in kleine Würfel geschnitten verarbeiten.

# Pastete mit Schafkäse

4 Portionen

Zubereitungszeit: 45 Minuten
Backzeit: 30–35 Minuten
Haltbarkeit: gekühlt etwa 3 Tage

Zutaten:

| | |
|---|---|
| 2 | Zwiebeln |
| 2 EL | Olivenöl |
| 500 g | Rindergehacktes |
| | Salz |
| | frisch gemahlener Pfeffer |
| 1 EL | Paprikapulver edelsüß |
| ¼ TL | Pul Biber (geschrotete Pfefferschoten) |
| | |
| 1 Bund | glatte Petersilie |
| 200 g | Schafkäse |
| 300 g | Krautsalat |
| etwa 300 g | Yufka- oder Filoteig (gibt es in türkischen Geschäften) |
| 250 g | Tsatsiki |
| 1–2 EL | Olivenöl |

1. Zwiebeln abziehen, halbieren und in Ringe schneiden. Olivenöl in einer Pfanne erhitzen und die Zwiebelringe darin anbraten. Gehacktes hinzufügen und unter Rühren darin anbraten, dabei die Fleischklümpchen mit einer Gabel zerdrücken. Gehacktes mit Salz, Pfeffer, Paprikapulver und Pul Biber würzen.
2. Petersilie abspülen, trockentupfen und die Blättchen von den Stängeln zupfen. Schafkäse fein zerkrümeln. Krautsalat in einem Sieb abtropfen lassen.
3. Eine Springform (Ø 28 cm, gefettet) mit etwa einem Drittel der Teigplatten so auslegen, dass auch die Ränder der Form mit Teig bedeckt sind. Nacheinander Gehacktes, Tsatsiki, Krautsalat, Schafkäsekrümel und Petersilie darauf schichten. Die restlichen Teigplatten dünn mit Olivenöl einstreichen und darauf legen.
4. Die Form auf dem Rost in den Backofen schieben.

Ober-/Unterhitze: 180–200 °C (vorgeheizt, unteres Drittel)
Heißluft: 160–180 °C (nicht vorgeheizt)
Gas: etwa Stufe 3 (vorgeheizt, unteres Drittel)
Backzeit: 30–35 Minuten.

5. Pastete nach dem Backen etwas ruhen lassen, dann Springformrand lösen und entfernen. Die Pastete mit einem Sägemesser in Stücke schneiden.

Tipp: Filo- bzw. Yufkateigplatten gibt es in unterschiedlichen Packungsgrößen. Die Platten lassen sich gut mit einer Haushaltschere in die benötigte Größe schneiden.

# Entenpastete

4 Portionen

Zubereitungszeit: 40 Minuten, ohne Auftau- und Kühlzeit
Backzeit: 35–40 Minuten
Haltbarkeit: gekühlt etwa 3 Tage

Zutaten:

| | |
|---|---|
| 1 Pck. | TK-Blätterteig (450 g) |
| 2 | Entenbrustfilets (je etwa 250 g) |
| 180 g | Hähnchenbrustfilet |
| | Salz |
| | frisch gemahlener Pfeffer |
| 1 EL | Olivenöl |
| | |
| 1 | Brötchen (Semmel) vom Vortag |
| 1 | Schalotte |
| 50 g | Crème fraîche |
| 20 ml | Grand Marnier (Orangenlikör) |
| 25 g | gehackte Pistazien |

Außerdem:
Mehl zum Ausrollen
Milch zum Bestreichen

1. Blätterteigplatten zugedeckt nebeneinander bei Zimmertemperatur auftauen lassen.
2. Entenbrust- und Hähnchenbrustfilets unter fließendem kalten Wasser abspülen und trockentupfen. Von den Entenbrustfilets Fett und Haut abschneiden. Ein Entenbrustfilet längs in 3 Streifen schneiden und mit Salz und Pfeffer würzen.
3. Olivenöl in einer Pfanne erhitzen. Die Entenbruststreifen darin von allen Seiten in etwa 10 Minuten gut anbraten, anschließend aus der Pfanne nehmen und erkalten lassen.
4. Das zweite Entenbrustfilet und das Hähnchenbrustfilet in kleine Würfel schneiden, für etwa 10 Minuten tiefgefrieren. Brötchen in Wasser einweichen, dann ausdrücken. Schalotte abziehen, halbieren und in feine Würfel schneiden. Fleisch-, Schalottenwürfel und Brötchen in einem Blitzhacker fein zerkleinern.
5. Fleischmasse mit Salz und Pfeffer abschmecken, Crème fraîche, Grand Marnier und Pistazien unterrühren oder untermixen. Masse kalt stellen.
6. Blätterteigplatten aufeinander legen und auf einer bemehlten Arbeitsfläche zu einem Rechteck (etwa 30 x 40 cm) ausrollen. Etwa ein Drittel der Teigplatte mit der Fleischmasse bestreichen, dabei am Rand etwa 1 cm frei lassen.
7. Entenbruststreifen auf die Fleischmasse legen und den Teig von der schmalen Seite her, mit der Füllung beginnend, aufrollen. Die Enden gut zusammendrücken. Auf der Pastetenoberfläche mit einem spitzen Messer 3 kleine runde Blätterteigtaler ausschneiden. Pastete für 20 Minuten kalt stellen.
8. Pastete mit der Naht nach unten auf ein Backblech (30 x 40 cm, mit Backpapier belegt) legen. Pastetenoberfäche mit Milch bestreichen und das Backblech in den Backofen schieben.

   Ober-/Unterhitze: etwa 180–200 °C (vorgeheizt, unteres Drittel)
   Heißluft: etwa 160–180 °C (nicht vorgeheizt)
   Gas: etwa Stufe 3 (vorgeheizt, unteres Drittel)
   Backzeit: 35–40 Minuten.

9. Pastete nach dem Backen etwa 5 Minuten ruhen lassen, dann in Scheiben schneiden.

# Sauerkraut-Pie

4 Portionen

Zubereitungszeit: 30 Minuten, ohne Auftau- und Kühlzeit
Backzeit: etwa 30 Minuten
Haltbarkeit: gekühlt etwa 3 Tage

Zutaten:

| | |
|---|---|
| ½ Pck. | TK-Blätterteig (225 g) |
| 2 | Zwiebeln |
| 1 Dose | Sauerkraut (Abtropfgewicht 770 g) |
| 2 EL | Speiseöl, z. B. Rapsöl |
| 125 g | roher gewürfelter Schinken |
| 200 ml | Fleischbrühe |
| | frisch gemahlener Pfeffer |
| 1 EL | Zucker |
| 1–2 EL | Instant-Bratensauce |
| 2 EL | Speiseöl, z. B. Rapsöl |
| 4 | Bratwürste (etwa 500 g) |
| 1 | Eigelb |
| etwas | Mehl zum Ausrollen |

1. Blätterteigplatten zugedeckt nebeneinander bei Zimmertemperatur auftauen lassen.
2. Zwiebeln abziehen, halbieren und in feine Würfel schneiden. Sauerkraut in einem Sieb abtropfen lassen und evtl. etwas kleiner schneiden.
3. Speiseöl in einer Pfanne erhitzen und die Zwiebel- und Schinkenwürfel darin anbraten. Sauerkraut hinzufügen und unter Rühren ebenfalls kurz anbraten. Fleischbrühe hinzugießen und das Sauerkraut etwa 10 Minuten garen.
4. Sauerkraut mit Pfeffer, Zucker und Bratensauce würzen, etwas abkühlen lassen und in einer Pie- oder Tarteform (Ø 26–28 cm) verteilen.
5. Speiseöl in einer Pfanne erhitzen. Die Bratwürste darin anbraten und anschließend auf das Sauerkraut legen.
6. Blätterteigplatten aufeinander legen und auf einer bemehlten Arbeitsfläche zu einer Platte in Größe der Pie- oder Tarteform ausrollen. Eigelb verschlagen und den Innenrand der Form damit bestreichen. Blätterteigplatte auf das Sauerkraut legen und am Rand der Form fest andrücken.
7. Mit einem spitzen Messer in der Mitte der Blätterteigplatte einen Kreis (Ø etwa 2 cm) herausschneiden, damit beim Backen der Dampf entweichen kann. Die Blätterteigplatte mit dem verschlagenen Eigelb bestreichen.
8. Die Form auf dem Rost in den Backofen schieben.

Ober-/Unterhitze: 180–200 °C (vorgeheizt, unteres Drittel)
Heißluft: 160–180 °C (nicht vorgeheizt)
Gas: etwa Stufe 3 (vorgeheizt, unteres Drittel)
Backzeit: etwa 30 Minuten.

9. Sauerkraut-Pie nach dem Backen kurz ruhen lassen und in Stücke schneiden.

# Fischpastete mit Mangoldfüllung

8–10 Portionen

| | |
|---|---|
| Zubereitungszeit: | 60 Minuten, ohne Ruhezeit |
| Backzeit: | etwa 50 Minuten |
| Haltbarkeit: | gekühlt 2–3 Tage |

Zutaten:

| | |
|---|---|
| | Für den Teig: |
| 450 g | Weizenmehl |
| 100 g | Butter oder Margarine |
| 1 gestr. TL | Salz |
| 2 | Eier (Größe M) |
| 125 ml (⅛ l) | kaltes Wasser |
| | Für die Farce: |
| 500 g | geräucherte Forellenfilets |
| 1 | Zwiebel |
| 250 ml (¼ l) | Schlagsahne |
| 125 g | entrindetes Toastbrot |
| 1 | Bio-Zitrone (unbehandelt, ungewachst) |
| 1 | Ei (Größe M) |
| 1 | Eiweiß (Größe M) |
| 2 EL | trockener Sherry |
| | Salz |
| | frisch gemahlener Pfeffer |
| | Cayennepfeffer |
| 500 g | Mangold |
| 1 | Knoblauchzehe |
| 50 g | Butterschmalz |
| | geriebene Muskatnuss |
| 1 | Eigelb (Größe M) |
| 1 EL | Milch |

1. Für den Teig Mehl mit Butter oder Margarine, Salz, Eiern und Wasser mit Handrührgerät mit Knethaken verrühren. Auf einer bemehlten Arbeitsfläche zu einem Teig verkneten. Teig in Frischhaltfolie gewickelt etwa 30 Minuten kalt stellen.
2. Für die Farce Forellenfilets in Streifen schneiden. Zwiebel abziehen, fein würfeln. Die Hälfte der Sahne in einem Topf erwärmen, das Toastbrot damit begießen, kurz ziehen lassen. Brot mit Forellenstreifen und Zwiebelwürfeln vermischen.
3. Zitrone heiß abwaschen und abtrocknen. Zitronenschale abreiben. Zitrone halbieren und auspressen. Zitronensaft und -schale mit Ei, Eiweiß und Sherry verschlagen und unter die Fischfarce mischen, mit Salz, Pfeffer und Cayennepfeffer würzen. Restliche Sahne steif schlagen und ebenfalls unterheben.
4. Mangold putzen, waschen, abtropfen lassen. Stiele von den Blättern schneiden. Knoblauch abziehen, fein würfeln. Butterschmalz in einer Pfanne zerlassen. Knoblauch darin andünsten. Mangold hinzufügen, unter Rühren etwa 5 Minuten dünsten, mit Salz und Muskat abschmecken und etwas abkühlen lassen.
5. Gut zwei Drittel des Teiges auf einer bemehlten Arbeitsfläche ausrollen. Eine Kastenform (30 x 11 cm, gefettet) damit auslegen. Die Hälfte der Farce in der Form verstreichen. Mangold längs in die Mitte der Farce legen. Restliche Farce vorsichtig darauf streichen.
6. Aus dem restlichen Teig auf einer bemehlten Arbeitsfläche einen Teigdeckel ausrollen. Teigdeckel auf die Pastete legen und die Ränder etwas andrücken. Mit einem spitzen Messer 3 Kreise aus dem Teigdeckel schneiden.
7. Eigelb mit Milch verschlagen und die Pastetenoberfläche damit bestreichen. Die Form auf dem Rost in den Backofen schieben.

   Ober-/Unterhitze: etwa 200 °C (vorgeheizt)
   Heißluft: etwa 180 °C (nicht vorgeheizt)
   Gas: Stufe 3–4 (vorgeheizt)
   Backzeit: etwa 50 Minuten, nach 20 Minuten die Hitze um etwa 20 °C (eine Stufe) reduzieren.

8. Die Pastete etwa 10 Minuten im ausgeschalteten Backofen stehen lassen. Dann herausnehmen und noch einmal 10 Minuten ruhen lassen. Die Pastete warm oder kalt in Scheiben schneiden und servieren.

# Paprikapastete mit Blätterteig

4 Portionen

Zubereitungszeit: etwa 30 Minuten, ohne Auftauzeit
Backzeit: 30–35 Minuten
Haltbarkeit: gekühlt etwa 3 Tage

Zutaten:

| | |
|---|---|
| ½ Pck. | TK-Blätterteig (225 g) |
| je 1 | rote, gelbe und grüne Paprikaschote |
| 2 | Zwiebeln |
| 1 | Zucchini (etwa 150 g) |
| 1 Topf | glatte Petersilie |
| | Salz |
| | frisch gemahlener Pfeffer |
| 200 g | Doppelrahm-Frischkäse |
| 4 | Eier (Größe M) |
| ¼ TL | Pul Biber (geschrotete Pfefferschoten) |

Außerdem:
Mehl zum Ausrollen

1. Blätterteigplatten zugedeckt nebeneinander bei Zimmertemperatur auftauen lassen.
2. Paprikaschoten halbieren, entstielen, entkernen und die weißen Scheidewände entfernen. Schoten waschen und in Viertel schneiden. Wasser in einem Topf zum Kochen bringen und die Paprikahälften darin 6 Minuten kochen lassen, dann in ein Sieb abgießen, mit kaltem Wasser abschrecken und enthäuten.
3. Zwiebeln abziehen, halbieren und in Scheiben schneiden. Zucchini waschen, abtropfen lassen und die Enden abschneiden. Zucchini längs halbieren und in kleine Würfel schneiden.
4. Petersilie abspülen, trockentupfen und die Blättchen von den Stängeln zupfen. Blättchen fein hacken. Zwiebel- und Zucchiniwürfel mit der Petersilie vermischen und mit Salz und Pfeffer abschmecken. Frischkäse mit Eiern verrühren und mit Salz, Pfeffer und Pul Biber würzen.
5. Blätterteigplatten aufeinander legen und auf einer bemehlten Arbeitsfläche zu einer runden Platte (Ø 30–32 cm) ausrollen. Die Blätterteigplatte in eine Tarte- oder Pizzaform (Ø 28 cm) legen und mehrmals mit einer Gabel einstechen.
6. Zucchinimischung auf dem Teigboden verteilen und Paprikaviertel darauf legen. Frischkäsemasse darauf geben und vorsichtig verstreichen. Die Form auf dem Rost in den Backofen schieben.

Ober-/Unterhitze: etwa 200 °C (vorgeheizt, unteres Drittel)
Heißluft: etwa 180 °C (nicht vorgeheizt)
Gas: Stufe 3–4 (vorgeheizt, unteres Drittel)
Backzeit: 30–35 Minuten.

7. Nach dem Backen die Paprikapastete vierteln und sofort servieren.

Tipp: Sie können auch 1 Packung Blätterteig aus dem Kühlregal (Ø 32 cm, 230 g) verwenden.

# Griechische Schafkäse-Pastete

4–6 Portionen

| | |
|---|---|
| Zubereitungszeit: | 40 Minuten, ohne Teiggeh- und Ruhezeit |
| Backzeit: | etwa 40 Minuten |
| Haltbarkeit: | gekühlt etwa 3–4 Tage |

Zutaten:

| | |
|---|---|
| | Für den Teig: |
| 350 g | Weizenmehl |
| 150 g | Weizenvollkornmehl |
| 1 Pck. | Trockenbackhefe |
| 200 ml | lauwarmes Wasser |
| 1 | Ei (Größe M) |
| 3 EL | Olivenöl |
| 1 gestr. TL | Salz |
| | Für die Füllung: |
| 750 g | frischer Spinat |
| 2 | Zwiebeln |
| 1 | Knoblauchzehe |
| 5 EL | Olivenöl |
| | frisch gemahlener Pfeffer |
| | geriebene Muskatnuss |
| 300 g | Schafkäse |
| 1 | verschlagenes Eigelb |

1. Für den Teig Weizenmehl in eine Schüssel sieben, mit Vollkornmehl und Trockenbackhefe sorgfältig vermischen. Restliche Zutaten hinzufügen und mit Handrührgerät mit Knethaken kurz auf niedrigster, dann auf höchster Stufe zu einem glatten Teig verarbeiten. Teig zugedeckt so lange an einem warmen Ort gehen lassen, bis er sich sichtbar vergrößert hat.
2. Für die Füllung Spinat verlesen, dicke Stiele abschneiden. Die Blätter waschen und abtropfen lassen. Zwiebeln und Knoblauch abziehen und fein würfeln.
3. Öl in einem Topf erhitzen. Zwiebel- und Knoblauchwürfel darin andünsten. Spinat hinzufügen, mit Pfeffer und Muskat würzen und zugedeckt etwa 5 Minuten garen, bis der Spinat zusammengefallen ist. Schafkäse zerkrümeln und unter den Spinat rühren.
4. Zwei Drittel des Teiges auf einer bemehlten Arbeitsfläche zu einer runden Platte (Ø etwa 30 cm) ausrollen. Teigplatte so in eine Pie- oder Tarteform (Ø 26 cm, gefettet) legen, dass der Rand etwa 1 cm übersteht. Den Boden mehrmals mit einer Gabel einstechen. Spinat-Käse-Masse darauf verteilen.
5. Den Rand über die Füllung legen, mit etwas Eigelb bestreichen. Restlichen Teig auf einer bemehlten Arbeitsfläche zu einem Deckel in Größe der Form ausrollen. In der Mitte des Deckels mit einem runden Ausstechförmchen (Ø etwa 2 cm) ein Loch ausstechen. Teigdeckel auf die Pastete legen. Rand gut andrücken.
6. Teigreste ausrollen. Mit Ausstechförmchen Motive ausstechen. Die Pastetenoberfläche mit Eigelb bestreichen und mit den ausgestochenen Teigmotiven belegen, diese ebenfalls mit Eigelb bestreichen. Die Pastete 15–20 Minuten ruhen lassen. Die Form auf dem Rost in den Backofen schieben.

Ober-/Unterhitze: etwa 200 °C (vorgeheizt)
Heißluft: etwa 180 °C (nicht vorgeheizt)
Gas: etwa Stufe 4 (vorgeheizt)
Backzeit: etwa 40 Minuten.

Tipp: Die Pastete lauwarm servieren.

# Gemüsepastete

4 Portionen

| | |
|---|---|
| Zubereitungszeit: | etwa 40 Minuten, ohne Auftauzeit |
| Backzeit: | 25–30 Minuten |
| Haltbarkeit: | gekühlt 3–4 Tage |

Zutaten:

| | |
|---|---|
| 1 Pck. | TK-Blätterteig (450 g) |
| 1 kleiner | Blumenkohl (etwa 400 g) |
| 200 ml | Gemüsebrühe |
| 200 g | Möhren |
| 300 g | Kartoffeln |
| 200 g | Champignons |
| | |
| 2 | Knoblauchzehen |
| 1 | Zwiebel |
| 30 g | Butter |
| 150 g | TK-Erbsen |
| 1 EL | Weizenmehl |
| 1 Becher (150 g) | Crème fraîche |
| | |
| 1 EL | Garam Masala (indische Gewürzmischung) |
| 1 EL | Currypulver |
| 1 TL | gemahlener Kreuzkümmel |
| 2–3 EL | Semmelbrösel |
| | |
| 1 | Eigelb |
| 1 EL | Milch |

1. Blätterteigplatten zugedeckt nebeneinander nach Packungsanleitung auftauen lassen.
2. Vom Blumenkohl Blätter und schlechte Stellen entfernen. Strunk abschneiden. Blumenkohl in kleine Röschen teilen, waschen und abtropfen lassen.
3. Gemüsebrühe zum Kochen bringen und die Blumenkohlröschen darin etwa 5 Minuten kochen lassen. Blumenkohl in ein Sieb geben und abtropfen lassen, dabei die Brühe auffangen. 150 ml Brühe davon abmessen.
4. Möhren putzen. Kartoffeln und Möhren schälen, abspülen und in kleine Würfel schneiden. Champignons putzen, mit Küchenpapier abreiben, evtl. abspülen, abtropfen lassen und in Scheiben schneiden.
5. Knoblauch und Zwiebel abziehen, fein würfeln. Butter in einer Pfanne zerlassen. Zwiebel- und Knoblauchwürfel darin unter Rühren andünsten. Kartoffel- und Möhrenwürfel hinzufügen und unter gelegentlichem Rühren etwa 8 Minuten dünsten. Champignons, Erbsen und Blumenkohlröschen unterrühren und kurz mitdünsten lassen, Mehl darüber stäuben.
6. Créme fraîche und abgemessene Gemüsebrühe unterrühren, aufkochen lassen. Mischung mit Garam Masala, Currypulver und Kreuzkümmel würzen.
7. Jeweils die Hälfte der Blätterteigplatten aufeinander legen und auf einer bemehlten Arbeitsfläche zu zwei Platten (Ø etwa 32 cm) ausrollen. Eine Platte in eine Pie-Form (Ø 30 cm, gefettet) legen. Gemüsemischung darauf verteilen und mit Semmelbröseln bestreuen.
8. Die zweite Platte auf das Gemüse legen und am Rand etwas andrücken. 2–3 kleine Löcher in die Blätterteigplatte schneiden, damit der Dampf entweichen kann. Eigelb mit Milch verschlagen, die Oberfläche damit bestreichen. Die Form auf dem Rost in den Backofen schieben.

Ober-/Unterhitze: etwa 200 °C (vorgeheizt, unteres Drittel)
Heißluft: etwa 180 °C (nicht vorgeheizt)
Gas: Stufe 3–4 (vorgeheizt, unteres Drittel)
Backzeit: 25–30 Minuten.

# Leberterrine

6–8 Portionen

Zubereitungszeit: 60 Minuten, ohne Kühlzeit
Haltbarkeit: gut gekühlt etwa 5 Tage
Backzeit: etwa 50 Minuten

Zutaten:

| | |
|---|---|
| 1 | Entenbrustfilet (etwa 250 g) |
| 600 g | Geflügelleber, z. B. Hühner- oder Putenleber |
| | Salz, frisch gemahlener Pfeffer |
| 1 EL | Speiseöl, z. B. Rapsöl |
| 300 g | ungeräucherter frischer Speck |
| 70 g | Zwiebeln |
| 2 gestr. TL | Salz |
| 1 EL | gerebelter Majoran |
| 1 TL | gerebelter Beifuß |
| 2 EL | Butter |
| 2 EL | Weizenmehl |
| 200 ml | Schlagsahne |
| 100 ml | Fleischbrühe |
| 50 g | getrocknete Tomaten |
| 125 g | Frühstücksspeck in Scheiben |

1. Entenbrustfilet und Geflügelleber unter fließendem kalten Wasser abspülen, trockentupfen. Vom Entenbrustfilet die Haut abschneiden, die Haut in kleine Stücke schneiden. Entenbrust längs halbieren, mit Salz und Pfeffer würzen.
2. Speiseöl in einer Pfanne erhitzen. Die Entenbrusthälften darin unter gelegentlichem Wenden etwa 10 Minuten braten, dann erkalten lassen.
3. Geflügelleber evtl. entsehnen, in kleine Stücke schneiden. Speck fein würfeln. Speck-, Entenhaut- und Leberstücke für etwa 10 Minuten tiefgefrieren, dann in einem Blitzhacker fein zerkleinern oder durch einen Fleischwolf mit feiner Scheibe drehen.
4. Zwiebeln abziehen, halbieren, fein würfeln und unter die Lebermasse rühren. Lebermasse mit Salz, Pfeffer, Majoran und Beifuß würzen.
5. Butter in einem Topf zerlassen. Mehl unter Rühren so lange darin erhitzen, bis es hellgelb ist. Sahne und Fleischbrühe hinzugießen und mit einem Schneebesen gut durchrühren, darauf achten, dass keine Klümpchen entstehen. Sauce unter Rühren kurz aufkochen, anschließend etwas abkühlen lassen.
6. Wasser in einem Topf zum Kochen bringen. Tomaten hinzufügen und kurz aufkochen lassen. Tomaten in ein Sieb geben, abtropfen lassen und in Stücke schneiden. Tomatenstücke und Sauce mit der Lebermasse verrühren.
7. Eine Terrinenform oder hitzebeständige Form (etwa 1,5 l Inhalt) mit den Frühstücksspeckscheiben so auslegen, dass die Scheiben etwas über den Rand hängen. Die Hälfte der Lebermasse in die Form geben und glatt streichen. Entenbrusthälften längs darauf legen, die restliche Lebermasse darauf verstreichen und überhängende Frühstücksspeckscheiben darüber klappen.
8. Die Form auf dem Rost in den Backofen schieben.

   Ober-/Unterhitze: etwa 180 °C (vorgeheizt, unteres Drittel)
   Heißluft: etwa 160 °C (nicht vorgeheizt)
   Gas: Stufe 2–3 (vorgeheizt, unteres Drittel)
   Backzeit: etwa 50 Minuten.

9. Leberterrine nach dem Backen erkalten lassen und dann mindestens 3 Stunden kalt stellen. Terrine in der Form servieren.

# Schinkenterrine

4–6 Portionen

Zubereitungszeit: 50 Minuten, ohne Kühlzeit
Haltbarkeit: gut gekühlt etwa 5 Tage

Zutaten:

| | |
|---|---|
| 7 Blatt | weiße Gelatine |
| 25 g | Butter |
| 1 geh. EL | Weizenmehl |
| 400 ml | Kalbsfond |
| 250 g | gekochter Schinken in Scheiben |
| | Salz |
| | frisch gemahlener Pfeffer |
| 30 g | Zuckerschoten |
| 60 g | Doppelrahm-Frischkäse |
| 200 ml | Schlagsahne |
| 120 g | Lachsschinken in Scheiben |

1. Gelatine in kaltem Wasser nach Packungsanleitung einweichen. Butter in einem Topf zerlassen. Mehl unter Rühren so lange darin erhitzen, bis es hellgelb ist. Kalbsfond hinzugießen und mit einem Schneebesen gut durchschlagen, dabei darauf achten, dass keine Klümpchen entstehen.
2. Die Sauce zum Kochen bringen und etwa 2 Minuten kochen lassen, dann von der Kochstelle nehmen. Gelatine leicht ausdrücken und in der Sauce unter Rühren auflösen.
3. Vom gekochten Schinken 4 Scheiben beiseite legen, restlichen Schinken in kleine Würfel schneiden. Schinkenwürfel in die Sauce einrühren und fein pürieren. Sauce mit Salz und Pfeffer würzen und etwas abkühlen lassen.
4. Von den Zuckerschoten die Enden abschneiden, die Schoten evtl. abfädeln, waschen und abtropfen lassen. Wasser in einem Topf zum Kochen bringen und die Zuckerschoten darin blanchieren. Zuckerschoten in ein Sieb abgießen, mit kaltem Wasser abschrecken und abtropfen lassen.
5. Die 4 beiseite gelegten Schinkenscheiben überlappend aneinander legen, mit dem Frischkäse bestreichen und aufrollen. Sahne steif schlagen und unter die Sauce heben.
6. Eine Terrinenform (etwa 1,2 l Inhalt, evtl. mit Frischhaltefolie ausgelegt) mit den Lachsschinkenscheiben auskleiden. Die Hälfte der Schinkenmasse vorsichtig in die Form geben und verstreichen. Die Form für etwa 5 Minuten in den Kühlschrank stellen.
7. Anschließend die Schinkenrolle längs mittig auf die Schinkenmasse legen. Restliche Schinkenmasse darauf geben und verstreichen. Zuckerschoten nebeneinander darauf legen und etwas andrücken. Form für mindestens 6 Stunden, am besten über Nacht, in den Kühlschrank stellen.
8. Terrine vorsichtig stürzen und evtl. die Frischhaltefolie entfernen.

Tipp: Mit Vollkorn-Toast servieren.

# Bauernterrine

4–6 Portionen

Zubereitungszeit: 35 Minuten
Backzeit: etwa 30 Minuten
Haltbarkeit: gekühlt etwa 5 Tage

Zutaten:

| | |
|---|---|
| 500 g | grobe Bratwurst |
| 1 EL | Speiseöl, z. B. Olivenöl |
| 500 g | säuerliche Äpfel, z. B. Boskop oder Cox Orange |
| 30 g | Butter |
| 500 g | gekochte Kartoffeln |
| 1 | mittelgroße Zwiebel |
| 2 | Eier (Größe M) |
| 125 ml (⅛ l) | Milch |
| 1 gestr. TL | Salz |
| 1 Msp. | Paprikapulver |

1. Die Bratwurstmasse aus der Hülle herausdrücken. Öl in einer Pfanne erhitzen und die Bratwurstmasse unter gelegentlichem Rühren darin braten.
2. Äpfel schälen, achteln und entkernen. Butter in einem Topf zerlassen. Äpfel hineingeben und zugedeckt kurz andünsten.
3. Gekochte Kartoffeln pellen und in Würfel schneiden. Zwiebel abziehen und in feine Würfel schneiden. Gebratene Bratwurstmasse aus der Pfanne nehmen. Kartoffel- und Zwiebelwürfel im verbliebenen Bratfett anbraten.
4. Nacheinander die Kartoffel-, Apfel- und Bratwurstmasse in eine Terrinen- oder hohe Auflaufform (etwa 2 l Inhalt, gefettet) schichten.
5. Eier mit Milch verschlagen, mit Salz und Paprika würzen und über die eingeschichteten Zutaten gießen. Die Form auf einem Rost in den Backofen schieben.

Ober-/Unterhitze: 180–200 °C (vorgeheizt, unteres Drittel)
Heißluft: 160–180 °C (nicht vorgeheizt)
Gas: Stufe 3–4 (vorgeheizt, unteres Drittel)
Backzeit: etwa 30 Minuten.

Depuis 1884
Cochon d'Or

# Doppelte Fischterrine mit Garnelen

4–6 Portionen

Zubereitungszeit: 30 Minuten, ohne Kühlzeit
Garzeit: 60–75 Minuten
Haltbarkeit: gekühlt etwa 3 Tage

Zutaten:

| | |
|---|---|
| 1 große | Porreestange (Lauch) |
| ½ Topf | Kerbel |
| 450 g | frisches Lachsfilet, ohne Haut |
| 150 g | frisches Rotbarschfilet |
| 50 g | Garnelen |
| 150 ml | Schlagsahne |
| 25 ml | Noilly Prat (trockener französischer Wermut) |
| Saft | von 1 Limette |
| 3 EL | Semmelbrösel |
| | Salz |
| | frisch gemahlener Pfeffer |

1. Von der Porreestange die Außenblätter entfernen, Wurzelende und dunkles Grün abschneiden. Die Stange seitlich einschneiden, gründlich waschen und abtropfen lassen.
2. Wasser in einem Topf zum Kochen bringen. Porree kurz darin blanchieren, dann in ein Sieb geben, mit kaltem Wasser überspülen und abtropfen lassen. Kerbel abspülen, trockentupfen und die Blättchen von den Stängeln zupfen.
3. Fischfilets und Garnelen unter kaltem Wasser abspülen und trockentupfen. Rotbarschfilet längs so beschneiden, dass ein Stück in der Größe von etwa 10 x 20 cm entsteht.
4. Lachsfilet und abgeschnittene Rotbarschfiletstücke in kleine Würfel schneiden, für etwa 10 Minuten tiefgefrieren, dann mit der Sahne fein pürieren. Noilly Prat, Limettensaft, Kerbelblättchen und Semmelbrösel unterrühren. Masse mit Salz und Pfeffer abschmecken.
5. Eine hitzebeständige längliche Terrinenform (etwa 1,2 l Inhalt) mit dem Porree so auslegen, dass der Porree an einer langen Seite über den Terrinenrand ragt. Die Hälfte der Fischmasse darauf geben und glatt streichen. Das Rotbarschfiletstück längs darauf legen, die restliche Fischmasse darauf verstreichen und die Garnelen darauf verteilen. Die Fischterrine mit dem überhängenden Porree bedecken.
6. Die Form in einen Bräter oder eine Fettfangschale stellen. Den Bräter oder die Fettfangschale zur Hälfte mit heißem Wasser füllen. Den Bräter auf einem Rost oder die Fettfangschale so in den Backofen schieben.

Ober-/Unterhitze: etwa 120 °C (vorgeheizt, unteres Drittel)
Heißluft: etwa 100 °C (nicht vorgeheizt)
Gas: etwa Stufe 1 (vorgeheizt, unteres Drittel)
Garzeit: 60–75 Minuten.

7. Terrine nach dem Garen aus dem Bräter oder der Fettfangschale nehmen und erkalten lassen. Terrine vorsichtig aus der Fom stürzen, in Scheiben schneiden.

Tipp: Servieren Sie Toastbrot dazu.

# Auberginen-Tomaten-Terrine

4 – 6 Portionen

Zubereitungszeit: 40 Minuten, ohne Kühlzeit
Garzeit: 60 Minuten
Haltbarkeit: gekühlt etwa 5 Tage

Zutaten:

| | |
|---|---|
| 3 große | Fleischtomaten (etwa 500 g) |
| 2 große | Auberginen (etwa 500 g) oder gelbe Zucchini |
| | Saft von 1 Zitrone |
| 2 Pck. | Mozzarella-Käse (Abtropfgewicht je 125 g) |
| | Salz |
| | frisch gemahlener Pfeffer |

1. Tomaten waschen, abtropfen lassen, kreuzweise einschneiden und kurz in kochendes Wasser legen. Tomaten mit kaltem Wasser abschrecken, enthäuten, vierteln, entkernen und die Stängelansätze herausschneiden.
2. Aubergine oder Zucchini waschen, die Enden abschneiden und die Haut abschälen. Aubergine oder Zucchini in Scheiben schneiden. Auberginenscheiben mit Zitronensaft beträufeln, damit sie sich nicht so schnell verfärben.
3. Mozzarella abtropfen lassen und in gleich große Scheiben schneiden.
4. In eine Terrinenform (etwa 1,2 l Inhalt, gefettet) nacheinander jeweils ein Drittel Auberginen- oder Zucchinischeiben, Mozzarellascheiben und Tomatenviertel einschichten, bis alle Zutaten verarbeitet sind. Jede Schicht mit Salz und Pfeffer bestreuen.
5. Die Form zugedeckt in einen Bräter oder in eine Fettfangschale setzen. Etwa 2 cm hoch Wasser in den Bräter oder die Fettfangschale gießen. Den Bräter auf dem Rost oder die Fettfangschale so in den Backofen schieben.

   Ober-/Unterhitze: etwa 180 °C (vorgeheizt)
   Heißluft: etwa 160 °C (nicht vorgeheizt)
   Gas: Stufe 2–3 (vorgeheizt)
   Garzeit: etwa 60 Minuten.

6. Die Form aus dem Wasserbad nehmen. Die Terrine mit einem passenden Schneidbrett und einem Gewicht beschweren, über Nacht kalt stellen.
7. Die gut gekühlte Terrine vorsichtig stürzen und in Scheiben schneiden.

Tipp: Mit einem gemischten Blattsalat anrichten.

# Pikanter Drei-Schichten-Käse

etwa 8 Portionen

Zubereitungszeit: 50 Minuten, ohne Kühlzeit
Haltbarkeit: gekühlt etwa 4 Tage

Zutaten:

| | |
|---|---|
| | Für die weiße Schicht: |
| 2 Blatt | weiße Gelatine |
| 200 g | Speisequark |
| 200 g | Doppelrahm-Frischkäse |
| 1 TL | Meerrettich aus dem Glas |
| | Salz |
| | frisch gemahlener Pfeffer |
| | Für die gelbe Schicht: |
| 3 Blatt | weiße Gelatine |
| 200 g | reifer Camembert |
| 125 ml (1/8 l) | Schlagsahne |
| 1 kleine | gelbe Paprikaschote |
| 1/2 TL | Currypulver |
| 1 Dose | Safran (0,2 g) |
| | Für die orangefarbene Schicht: |
| 3 Blatt | weiße Gelatine |
| 200 g | Weichkäse, z. B. Castello weiß |
| 150 g | Crème fraîche |
| 2–3 TL | Tomatenmark |
| 1 TL | Paprikapulver edelsüß |
| 1 | Tomate |

1. Für die weiße Schicht Gelatine nach Packungsanleitung einweichen. Speisequark mit Frischkäse cremig rühren. Meerrettich unterrühren, mit Salz und Pfeffer abschmecken. Gelatine leicht ausdrücken und in einem kleinen Topf unter Rühren erwärmen (nicht kochen), bis sie völlig gelöst ist. Aufgelöste Gelatine mit 1–2 Esslöffeln von der Quark-Frischkäse-Masse verrühren, dann die restliche Masse unterrühren.
2. Für die gelbe Schicht Gelatine nach Packungsanleitung einweichen. Die Rinde vom Camembert abschneiden. Käse in kleine Stücke schneiden und mit der Sahne pürieren. Paprikaschote halbieren, entstielen, entkernen und die weißen Scheidewände entfernen. Die Schote waschen, abtropfen lassen, in kleine Würfel schneiden, ebenfalls pürieren und unter die Käsemasse rühren.
3. Gelatine leicht ausdrücken und wie unter Pkt. 1 beschrieben auflösen. Aufgelöste Gelatine mit 1–2 Esslöffeln von der Käsemasse verrühren, dann die restliche Masse unterrühren, mit Curry, Safran, Salz und Pfeffer abschmecken.
4. Für die orangefarbene Schicht Gelatine nach Packungsanleitung einweichen. Käse in Stücke schneiden und mit Crème fraîche pürieren. Gelatine leicht ausdrücken und wie unter Pkt. 1 beschrieben auflösen.
5. Aufgelöste Gelatine mit 1–2 Esslöffeln von der Käse-Crème-fraîche-Masse verrühren, dann die restliche Masse unterrühren. Mit Tomatenmark, Paprika, Salz und Pfeffer abschmecken.
6. Tomate abspülen, kreuzweise einschneiden und mit kochenden Wasser übergießen. Dann mit kaltem Wasser abschrecken, enthäuten, halbieren, entkernen und den Stängelansatz herausschneiden. Tomate fein würfeln und unter die orangefarbene Käsecreme rühren.
7. In eine Kastenform (25 x 11 cm, mit Frischhaltefolie ausgelegt) zuerst die weiße Käsecreme einfüllen, glatt streichen und die Form für etwa 30 Minuten kalt stellen. Dann die gelbe Käsecreme einfüllen, verstreichen und die Form wieder kalt stellen. Zum Schluss die orangefarbene Käsecreme einfüllen und verstreichen. Die Form über Nacht kalt stellen.
8. Drei-Schichten-Käse vorsichtig stürzen und die Frischhaltefolie entfernen.

# Alphabetisches Register

# Themenregister

## Pasteten, Terrinen & Sülzen mit Fleisch



## Pasteten, Terrinen & Sülzen mit Fisch



## Vegetarische Pasteten, Terrinen & Sülzen

**Umwelthinweis** Dieses Buch und der Einband wurden auf chlorfrei gebleichtem Papier gedruckt. Die Einschrumpffolie – zum Schutz vor Verschmutzung – ist aus umweltfreundlichem und recyclingfähigem PE-Material.

Wenn Sie Anregungen, Vorschläge oder Fragen zu unseren Büchern haben, rufen Sie uns unter folgender Nummer an 0521 155-25 80 oder 52 06 45 oder schreiben Sie uns:
Dr. Oetker Verlag KG, Am Bach 11, 33602 Bielefeld
oder besuchen Sie uns im Internet unter www.oetker.de.



**Redaktion** Andrea Gloß

**Titelfoto** Thomas Diercks, Hamburg
**Innenfotos** Thomas Diercks, Hamburg (S. 61)
Ulli Hartmann, Bielefeld (S. 59)
Axel Struwe, Bielefeld (S. 4, 5, 7, 11, 17–53, 57)
Norbert Toelle, Bielefeld (S. 15)
Brigitte Wegner, Bielefeld (S. 13, 57)

**Rezeptentwicklung und -beratung** Hans-Peter Huke, Bielefeld
Mechthild Plogmaker, Dr. Oetker Versuchsküche

**Foodstyling** Hans-Peter Huke, Bielefeld
**Requisite** Wolfgang Mentzel, Paderborn

**Grafisches Konzept** kontur:design, Bielefeld
**Gestaltung** kontur:design, Bielefeld
**Titelgestaltung** kontur:design, Bielefeld

**Reproduktionen** Repro Schmidt, A-Dornbirn
**Satz** JUNFERMANN Druck & Service, Paderborn
**Druck und Bindung** MOHN Media • Mohndruck GmbH, Gütersloh



ISBN 3-7670-0905-6